CEREMONIA DE DESPEDIDA

CEREMONIA DE DESPEDIDA

MARCELO RIOSECO

Valparaíso
EDICIONES

Número 467 de la Colección VALPARAÍSO DE POESÍA
dirigida por FEDERICO DÍAZ-GRANADOS

Financial support was provided from the Office of the Vice President for Research and Partnerships and the Office of the Provost, University of Oklahoma

Diseño de la colección: Chari Nogales

Maquetación: Ciclo Creativo
Imagen de portada: "Person standing on white shipwreck on beach". Point Reyes Station, EEUU. Jaredd Craig, 2018

Primera edición: marzo de 2025

© De los poemas: Marcelo Rioseco

© Valparaíso Ediciones
   C/ Fray Leopoldo, 7 bajo, 18014 Granada
   www.valparaisoediciones.es

   ISBN: 979-13-87538-22-4
   Depósito Legal: GR 220-2025

   Impreso en España - *Printed in Spain*
   Gráficas Gami

CEREMONIA DE DESPEDIDA

¿QUÉ ES LO OTRO
a lo que arrojas piedras?
NELLY SACHS

Pero es que al inclinarme también hacia mí mismo
/ me es oscuro Mi Dios
RAINER MARIA RILKE

Por calentarle la cena a un Extraño
quemaría mi casa.
MARINA TSVIETÁIEVA

TAMBIÉN SON EXTRANJEROS

Para el desterrado no hay patria ni casa,
ni forma de regresar. Se ha caminado
demasiado y todas las ciudades se parecen.
Regresar es mentirse a sí mismo
y a los demás. El que allí está ya es otro.
El pasado, como un trapo viejo y raído,
es como un largo y extraño sueño.
No sabemos si todavía tiene algún uso
o deberíamos echarlo a la basura.

Quienes regresan también son extranjeros
y ven la patria como la casa familiar
y el país del enemigo (simultáneamente,
y sin dolor). Para el desterrado la patria
se acabó el día de la partida y ahora lo sabe.
Se regresa para olvidar, para morir,
pero nunca para recuperar lo perdido.

DESPERTAR SIN IMAGEN

No esperar un desenlace y decidirse antes,
ser por fin lo que siempre fue desconocido
para nosotros y para el mundo, pues todo respira.
Lo nuestro nunca acaba de verse (lo sabemos);
lo que está dado, pero no nos es permitido,
a veces emerge como un *despertar sin imagen*.

Abiertos los ojos, nos levantamos
para dejar esa plena clausura de ser,
la falsa persona; y quizás, temblorosos y desnudos,
—como niños aprendiendo a caminar—
regresamos a ese punto donde no hay ni origen ni final.

La plena desnudez nos asusta tanto como la verdad.

YA PUEDEN LLAMARNOS FARISEOS

El padre herido
reposa sobre una cama dura en forma de cruz.
Sus heridas no se pueden curar,
su llagada carne nos recuerda el sacrificio.
Ya pueden llamarnos fariseos.
¿Acaso podríamos haber hecho otra cosa,
o habernos mudado a donde nadie nos conociera?
La sangre de esta castigada estirpe
se desparrama en el mundo como una serpiente ciega;
la sangre se seca como se seca el rostro de mi padre.

Con el padre herido
nada puede ser construido con propiedad,
la madera que se extrae para calentar la casa
es un puñado de astillas sin valor,
el rostro del padre
se desfigura como una pelota de cera.
Está herido, pero no muerto
y ni siquiera podemos sacrificarlo en paz.
¿Acaso nunca heredaremos esta casa
arruinada por la falta de amor?
Nos hartamos de pelear; no es un asunto moral
siempre hemos vivido en la intemperie,
nuestro padre siempre ha estado muerto.

UN DIOS OSCURO

como una red
de raíces intrincadas todas bebiendo en silencio.

RAINER MARIA RILKE

Hay quienes recogidos en lo profundo
(y más cerca de sí mismos que de cualquier otra cosa)
no encuentran esa luz necesaria
con la cual escapar del inminente peligro.
No hay un cielo a la espera
ni ayuda ni amor
donde refugiarse del mundo.

Hay quienes recogidos en lo profundo
encuentran solo ese dios oscuro
con el cual contienen lo derramado por las heridas
y en soledad creen volver a la vida.

Hay quienes recogidos en lo profundo
hablan con ese dios oscuro
tan mudo como ciego. Y sin brazos ni piernas
nos abraza y encamina,
como si todas esas sombras fueran de verdad refugio
para quien —sin poder encontrar la luz—
se engañan con lo mismo que precipita el final.

ANTES DEL AMANECER

En los límites de los antiguos días,
antes de que el amanecer existiera,
la palabra se pierde y confunde
con una voz secreta; acaso
algo se ha quedado rezagado
en un remoto pasado, e irresuelto
nos alcanza en su misterio,
sostiene nuestro nombre,
nuestro cansado rostro de años.

Recordamos y luego, acaso, irresponsablemente,
olvidamos. El secreto (si alguna vez existió)
no ha permanecido entre nosotros.

CUANDO LA MUERTE PENETRE
EN TODAS LAS COSAS

Cuando la muerte penetre en todas las cosas
y descubramos que la mano de dios
no era sino un hueso roto y una piel reseca
con la cual nos dejábamos acariciar ciegamente.

Cuando la muerte penetre en todas las cosas
y la miremos de frente tratando de sonreír,
como niños que saludan a gente desconocida
cuyos padres han traído una noche a casa.

Cuando la muerte penetre en todas las cosas
y nos anuncie el fin de esta prolongada fiesta,
ese desorden que nos contrariaba hacía tiempo,
entonces la preparación habrá concluido.

Sin rostro, sin nombres, habremos de abrazar
ese misterio, ese rostro que nunca conocimos.
Qué fría es esa mano, qué áspera esa piel.

Cuando la muerte se extienda sobre nosotros
y en todas las cosas alcance su último ser,
sabremos lo único cierto:
todo paraíso exigió siempre un gran esfuerzo.

ES LA LUZ MÁS GRANDE QUE LA TIERRA

Con este presentimiento
se puede poner las manos en la azada
y comenzar a abrir la tierra,
alimentar ese impulso irrefrenable
por conquistar la semilla y así toda la vida.

El presentimiento de que todos seguimos
un oscuro viaje cuya luz debe ser arduamente ganada.
El presentimiento de que no se puede regresar
y hay que luchar por evitar la descomposición.
El presentimiento de que respondemos con una visión,
que estamos atorados en este presente
como un estambre sacudido por ruidosas abejas,
interior y exteriormente, ásperos y dulces,
y que podemos concentrarnos en lo que existe,
registrar lo que no existe y tampoco se ve.

HORAS SIN CORRESPONDENCIA

La muerte es lo único que no se extravía.

Entre las lentas láminas del tiempo
va desgastando las horas, puliendo el secreto,
pero no sabemos cómo hablarle.
Entre tantas horas sin correspondencia,
no podemos asegurar ser ese dueño tan buscado.

Cómo asumir entonces esa muerte,
nuestro rostro,
si la azada nunca se clavó en la tierra,
si nunca nuestra visión irrigó los cultivos,
si fuimos tan inocentes y desprolijos
como para creer que la vida lo era todo
y la muerte no ocupaba ningún lugar.

HAY UN DIOS QUE HA DADO RESPUESTA

Hay un dios que ha dado respuesta
y en lo íntimo acontece,
porque su hora ha sido propicia
y sin anunciarse nos llama.

Y lo que antes era silencio
y con dolor nos desesperaba,
ahora se transforma y nos contempla
para que el mundo nos devuelva
lo que desde siempre parecía perdido.

Y no lo hemos llamado llamándolo.
También han sido días y horas difíciles;
aquello que desde el fondo se erguía
y en un antiguo orden nos iluminaba.

Y, aunque esta hora se extinga,
una huella deposita,
pues hemos regresado a lo profundo,
como hijos por fin amados;
y allí donde antes nada nos iluminaba
emerge esa hora única que, en nada, palidece;
una vez que ese dios se ha marchado.

LA SAGRADA HORA DE LA MUERTE

Para Pedro Lastra

¿Es verdad que ya no somos jóvenes
y un dios desnudo viene a nuestro encuentro?

Y nosotros, que no poseemos ni forma ni contenido,
vacilamos ante un maestro tan poderoso,
la sagrada hora de la muerte
también irrumpe con la forma de un dios.

Nuestro afrentado rostro, nuestras depravadas
palabras; el trato y el intercambio
se desvanecen ahora, sin gloria ni resistencia,
para que ese dios, despojado de todo
nos inicie en el último y más exigente silencio.

Y LOS DIOSES VENDRÁN

Cuando nos hallemos completamente abatidos,
sin orden o una ley que seguir,
resistiendo en silencio
como un viajero extraviado en el desierto
que soporta apenas el sol del mediodía;
allí los dioses vendrán,
después de mucho vendrán,
y la agonía será por fin detenida.

Ruegos, sacrificios, oraciones
de nada habrán de servir.

Hasta que nuestra vanidad no sea depuesta,
y el poder, abatido
y todos los artificios, olvidados,
ellos no vendrán,
porque aún nos deslumbramos con objetos baratos
y vivimos los días extraviados.

Pero los dioses vendrán,
después de mucho, vendrán
como amigos que anticipan desde lejos la desgracia.
Vendrán con alimentos, bebidas y otros cuidados,
porque, ahora, perdido todo,
en este nuevo desierto
nuestros ojos los podrán por fin divisar.

EL VIENTO REGRESA
INTENTEMOS VIVIR

Le vent se lève! . . . il faut tenter de vivre!

PAUL VALERY

El viento regresa, intentemos vivir.

Hemos llegado hasta aquí para descansar;
los días abruman con su desorden y los deberes apremian.
Cuando se envejece es cuando más debemos estar atentos.
A los amigos hay que amarlos profundamente,
pues de nada sirve perdonar a los enemigos;
la práctica de la misericordia se olvida con la edad.

Sí, es cierto, es raro encontrarnos satisfechos
en un camino tan largo.
Con los pies lacerados y sedientos como animales,
¿qué verdad hemos encontrado?,
¿reposó alguna vez la gracia sobre nuestros cuerpos?
Escucha: la luz siempre ilumina a unos pocos, pero
maldecir estos hechos no nos conducirá a ninguna parte.

CUMPLIMIENTO EN OBSERVANCIA

Ya llegará el tiempo de mirar la tierra
y sus creaciones, de reposar sin apuro.
Los niños no se exponen desnudos en invierno,
las siembras no resisten un prolongado frío.
Apenas echamos andar
y ya nos inunda esa energía, transitoria,
como un animal joven y sin medida:
del mismo modo que avanza hacia la victoria
ciego se dirige hacia el desfiladero.

La palabra madura lejos de nuestra voluntad.

Cumplir en observancia. Hay tantas cosas
en las que pensar antes de exclamar: "¡Esto es mío!"

En observancia, el poeta consuma el dominio de sus medios,
la mano conoce la forma de su propia materia.
En observancia, lo perdido regresa en calma, lo arduamente
descubierto deja por fin de estar apartado de todos.

Las obras no debieran ser aborrecidas antes de tiempo.

ABANDONO DEL MUNDO

Dejemos al mundo arder bajo el sol
lastimándonos con su provisional belleza.
La sabiduría no se hereda,
la estupidez crece con los años.
Dejemos las cosas como están;
bajo este inconstante cielo hay otro orden
a veces, simplemente, no podemos entenderlo.
Nadie nos ha llamado a recomponer el mundo,
dejemos las cosas en su lugar
siempre alguien sabrá más que nosotros.

INICIARSE EN SACRIFICIO

Iniciarse en sacrificio
como si se entrara en una zona desconocida
cuando la luz se ha ido por largo tiempo
y allí encontrarse con los otros por primera vez
y vernos por lo que somos:
seres frágiles es su desgracia.

En el sacrificio el mundo aparece
y lo vemos por fin como algo nuevo;
sin destino deambulábamos en peligro
y pudiendo traicionar aquello que nos requería
no lo hicimos; en la urgencia fuimos más allá de lo pedido
sin saber lo que vendría y si de eso sacaríamos algo.

¿QUIÉN ORDENA LO PERDIDO
Y LO RESTITUYE?

No se han ido:
hemos dejado de verlos.

FERNANDO PESSOA

¿Quién ordena lo perdido y lo restituye?
Lo único, aquello que ha sido recuperado
de la semejanza y el desorden de los días,
aquello hemos perdido.

¿Quién ordena la riqueza de las horas
y se inclina con humildad frente a lo perdido?
¿Quién conoce las palabras exactas
que nombran al misterio y lo fecundan?

Allí donde lo disperso no interviene,
el misterio es convocado.
Y aquello que hemos perdido
retorna sin premura,
logrando, por fin, su comprensión.

Lo perdido es una palabra
inmune a los oscuros trabajos del tiempo,
y, a veces, alguien la busca, pero sus huellas
son la moneda oxidada de la locura.
Lo perdido es una certeza ciega
en la vastedad inmóvil del tiempo.

¿Quién irrumpe y quién asciende,
entonces?, ¿el que conoce el fervor y la miseria
y en su rostro hay un nombre oculto,
llamando a lo divino cuando todo se ha perdido
o nosotros, que no hemos sabido buscar
y esperamos ahora un milagro para conseguir
una vida que nunca merecimos?

NUNCA TRIUNFAMOS CON INOCENCIA

Para los que se han recobrado
y la vida ha sido como una larga enfermedad
ya no están en el mundo como los otros, son diferentes,
aquellos que miran la victoria sin asombro
porque recobrarse no es triunfar.

Allí, donde nosotros, los victoriosos
nos creíamos vencedores; allí no triunfamos,
pues nada nos acoge con tanto entusiasmo como el olvido.
Los que han sobrevivido solo saben esto:
que han sobrevivido y, ahora, pueden esperar el final.
Porque aquello que antes los enfermaba
ahora se transforma y nos embiste
sin reconocer todo lo combatido.

Los que se han recobrado
saben lo inútil de toda preparación.
Aspiramos a morir
como si pudiéramos decidir cómo,
y aunque triunfemos con inocencia
la muerte siempre derrota
la fuerza que la ha igualado.

ADMONICIÓN AL MARGEN DEL TIEMPO

El ciclo del vivir y morir se detiene
a cada momento
para volver a comenzar y repetirse
incansablemente,
sus luminosos huevos recién desovados
—esparcidos como formas de amor sobre la tierra—
estallan con sus ligazones recién abiertos
desbrozando la tierra.
Lo creado pasa entonces ante nuestros propios ojos
sin poder recogernos ni resguardarnos.

Todo esto ocurrió ante nosotros
y como rebaños ciegos y testarudos
desatendimos toda esta verdad
con locura e inusual desasosiego.

DIOS ES LA FORMA DE LA DESESPERACIÓN

Dios es una de las formas de la desesperación,
pues no hay nada en este agitado mundo
de lo cual asirse sin temer su pérdida;
el significado de las cosas, el lejano
esplendor de los cuerpos decrépitos
cuya belleza se extingue sin pedir perdón,
los hijos que se van y nos traicionan—
las hojas se arrugan lentamente
sobre un suelo pastoso y corrupto.

Dios es la forma de la desesperación,
nuestro dolor más cercano
y su lejana piedad nos acoge; divino
remanso, sosiego del desterrado,
lo hemos inventado (aun sin quererlo)
para decirnos (calladamente): "ni tú ni yo
ni todo ese espacio entre a nosotros".

SEMBRAR LA TIERRA
ESPARCIR EL DON

Mirar el mundo sin amor ni música
habitando una noche interminable en su dureza.
Aquello que nos dio la vida ahora está muerto:
el padre y sus semillas, la madre y su cobijo.

La casa ha sido devastada, sus puertas,
desvencijadas y nadie nos espera tras las ventanas.
Contemplar la cama de los padres
como si esas sábanas estuvieran todavía tibias,
y alguien fuera a llamarnos en cualquier momento.

Esos rostros, antes parcialmente nuestros,
son retazos de un amor incompleto.
Los hijos piensan: "Y ahora, la deriva"
"¿Dónde estará nuestra descendencia, la salvación?"

Para que hubiera amor y música,
sembramos la tierra esparciendo el don.
Quién sabe si hemos triunfado en nuestra tarea.

DEATH IS THE MOTHER OF BEAUTY

Only the perishable can be beautiful
WALLLACE STEVENS

La muerte es la madre de la belleza,
inútil y ligera como el tiempo
madura la fruta en el árbol.

RECOBRAR LA ARMONÍA

Apenas lo hemos dejado de nombrar, el mundo
emerge; las raíces agrietan la tierra
y la fecundan; la silente esperma
se derrama impaciente sobre la noche.
Cuánta luz y nosotros tan impedidos.
Esa espesura; esa vida. Recobrar la armonía,
es escribir ese poema venido desde tan lejos.

UNA SEMILLA SOSTENIDA
POR UNA LUZ MOMENTÁNEA

Con palabras construimos la casa.

Una vez derribado el árbol necesitamos un techo
para dormir, para que el amor se manifieste
y nos impida dejar morir esta golpeada estirpe.

Para que la mesa esté lista y la casa ordenada
la madre debe estar presente.
¿Quiénes son sus verdaderos hijos?

No somos criaturas que deban dejarse
abandonadas en un rincón oscuro
mientras la tierra se remueve y florece.

La madre también ha venido desde lejos.
Recobrar la armonía, nuestra palabra
una semilla sostenida por una luz momentánea.

HUÉRFANOS

Como un bote junto al muelle,
cuya soga se ha desatado de un bolardo
y permanece flotando en el agua,
como una serpiente apenas viva,
arrastrada levemente por la corriente.
No hay de donde asirlo, ni se acerca ni se aleja,
se mece chocando torpemente contra el muelle.
Cerca de la salvación, nuestra madre muerta;
algo nos recuerda que ya no podemos acercarnos.

INVITACIÓN A LO DIFÍCIL

es asimismo, o acaso sobre todo, la intemperie sin fin.

JUAN L. ORTIZ

Dejamos de ser una posibilidad
para salir a esa *intemperie sin fin*,
atestiguando a dónde hemos ido a parar
y cuánto camino queda por recorrer.

Brilla el sol, pero el viento es helado
y nos toca con su afilada lámina de hielo,
temblamos, pues estamos desnudos
ante un paisaje tan despojado,
ante un dios herido que vuelca la mirada
asqueado y temeroso de encontrarse
con nuestros ojos entumecidos.

Brilla el sol, pero nos sobrecoge
un miedo sin tiempo y mudo;
una palabra encuentra refugio en lo difícil,
unción que también nos convoca,
acaso para saber
cómo estar debidamente preparados.

CENTINELA DE SÍ MISMO

Todo lo que le viene a uno
quiere ser una voz profunda, remota,
una obligación de ser (como si se pudiera),
una respuesta a la impaciencia ante el mundo.

Esa voz nos viene en toda su inmensidad.

A veces— pero titubeamos
ante ese extraño que golpea la puerta.

¿Cómo sobrellevar aquel destino,
su ser necesario, si todo nos distrae y rodea?
El mundo se abre y ocurre ante nosotros
a veces, como algo incomprensible;
a veces, simplemente no podemos verlo.

No todos los que aman se esfuerzan por amar,
no todos los que escuchan, se esfuerzan por responder.

ESTA ENORME NECESIDAD

El conocimiento debe estar libre de toda locura.

Él también ha estado rodeado por las furias,
también él se ha debido esconder apresuradamente
y evitar la multiplicidad de las persecuciones;
también ha sido pisoteado y agraviado
con palabras torcidas y ofensivos gestos
y bajo un agudo sol lo hemos visto sacudir con fuerza,
sus cuernos atrapados en la enmarañada arboleda,
sus desgarradas pezuñas sobre la áspera superficie.

A veces ejemplos como estos no prueban nada, a veces
también se pueden afirmar otras cosas, por ejemplo:
uno nunca está libre de corromperse completamente.

DEBER Y URGENCIA

Hay urgencia en toda belleza
casi inexistente, olvidada,
despojada de la indolencia y ciertas falsedades,
pero no amparada por nadie ni dirimida por ley
porque nos hemos dejado pisotear voluntariamente
como rebaños asustados ante tanta potencia,
abandonados a nuestra suerte con una crudeza sin igual.

Hay urgencia cuando el rostro es apenas reconocible,
cuando la mano usurpa y el verso es falso.
Seguimos estando dentro de este obstinado sueño,
tratando de cumplir con nuestros deberes—
una indócil belleza ha logrado propagarse,
pero nosotros no la hemos podido defender:
escarnio y vergüenza sobre la tierra que aún respira.

LA PALABRA DEL POETA
ORDENA LA CASA DE DIOS

Allí donde lanzan las piedras contra lo otro,
el mundo se yergue en su forma más completa;
ese rostro terrible; nosotros, esos niños.

La casa de dios la habitan los muertos
largamente en silencio, esperando,
como nuestros nombres esperan ser nombrados,
pero no hay palabras verdaderas a mano
y lo dicho resulta falso, como torcido es el rostro—
buscamos construir algo sin saber cómo.
El mundo, desordenado por fin, triunfa
porque no hemos sabido dominarlo
y se nos escapa como la luz se nos escapa.

En la casa de dios hay una puerta abierta
por donde los niños huyen y no regresan
y se pierden en ese caos y mueren
perdidos, lejos de la palabra del poeta
cuyo deber es ordenar la casa donde ha nacido.

LA INCESANTE PERSISTENCIA DEL MUNDO

En silencio se soporta lo más arduo,
lo que parecía definitivamente olvidado.

Aquello que nos inundaba de existencia
y había enmudecido,
por fin es recobrado
y en silencio
encuentra su ser definitivo.

Pero lo que somos
frecuentemente se niega
y las verdaderas cosas buscan
ocultar su significado,
todo lo que nos ha sucedido
es solo una parte de la memoria:
la incesante persistencia del mundo,
esa amiga que siempre nos habla al oído.

SOBRE LA DURA COSTA DE LA TIERRA

Mientras otros buscan ponerse a salvo,
y sin saber qué dirección deben tomar,
se afanan por una palabra sin encontrarla,
como quien hurga en un baúl vacío
a la espera de encontrar una carta
que jamás fue escrita;
algo nos llama —y a ellos también—,
sin desviarlos, despojándolos de todo sentido
porque en esta vida no hay sosiego ni seguridad
y el piso tiembla aun sobre la dura costra de la tierra.

PORQUE LO VERDADERO NOS HABLA
LAS COSAS RETORNAN

Recogerse en silencio y, en secreto, desearlo,
como si todo proviniese de él y lo necesitara.
Lo alcanzado,
o aquello que nos habita y es breve,
nunca es lo que esperamos.

Porque lo verdadero nos habla,
las cosas retornan
y se vuelven hacia nosotros
en su misterio
para ser por fin alcanzadas.

¿Quién ordena lo perdido y en sí mismo,
comprende lo pensado,
el mundo y sus signos,
porque todo está arrojado y se agita?

Recogerse para sí
y decirlo con palabras nuevas,
como si lo divino
fuese esa luz que desconocíamos
y retornara en su poder al silencio,
porque todo lo nombrado
ya no puede ayudarnos.

ENTRE LOS MUERTOS BUSCO UN SÍMBOLO

Entre los muertos busco un símbolo,
a quien dar lo aprendido, lo que finalmente
debemos ceder: la casa habitada,
las páginas escritas con dificultad, tú y yo,
ese amor que llegó demasiado tarde
cuando la fuerza de los hijos era igual
a la de un mundo en extinción.

¿Cómo tener una certeza
y asomarse a ese mundo por venir
sin miedo y con alegría, si el misterio calla
y el techo tiembla sobre nuestras cabezas?
Las preguntas ahora se agolpan apuradas,
como inesperadas hojas en desorden—
un viento nos sacuden con desasosiego.

Entre los muertos busco un símbolo,
una prueba con la cual justificar la derrota,
nuestra obstinada oscuridad, su inesperado arribar.

FIESTA Y CREACIÓN

Los días que iban a pasar ya pasaron,
los ríos siguen su curso sin retroceder,
el dorado pez de la creación también debe morir.
Si el amor se ha desvanecido
y no ha dejado descendencia, ríndete;
otros han sido más afortunados que tú—
otros no pudieron sino caminar y caminar.

Como ruidosas cigarras en el momento de la procreación,
los jóvenes arden con despreocupada inocencia,
alégrate, es tiempo de fiesta y creación.
Afortunadamente para nosotros
el atardecer irrumpe con una enorme justicia.

LA CALMA DE LOS DIOSES

Ô récompense après une pensé.
Qu'un long regard sur le calme des dieux!

PAUL VALERY

Contempla por fin la calma de los dioses.
Ya no hay que enfrentar los días con escrúpulos
ni dejarse abatir por una amenazante oscuridad.
Nos abrazábamos a una momentánea elevación
cogiéndonos de las manos, asustados y felices
como si fuéramos parte de una misma familia.

No fue la gracia; no nos redimimos de nada.
Los poetas habían arribado antes que nosotros,
pero a cada uno le toca crecer a su manera.
Ojalá la tierra se limpiara de este modo
y los rostros marchitos no estuviera agrietados
y las ásperas manos nos acariciaran con ternura.

No a todos se les permite volver a comenzar.
Contempla por fin la calma de los dioses
como una flor completamente ajada
que, sin embargo, conserva las formas del amor.

NADA ESTÁ A SALVO DE LA MEMORIA

El sol asciende moroso y remoto
hacia un cielo ahora empañado.
La oruga se despoja de su arrugada piel;
hombres y mujeres se aparean en silencio
(o ruidosamente) para darle continuidad a la luz.

El mundo no es estéril, concedemos esto.

Las cosas, otra vez, han llegado a su fin
y no hay manera de explicar este trastorno;
lo perdido de alguna forma regresará,
nada está a salvo de la memoria.
No hay que hacerse entender a la fuerza,
de todos modos, los días siempre
nos parecerán cruelmente arrebatados.

CONTRA EL ESPÍRITU DE GRAVEDAD

Mientras el tráfico ocurre indiferente
y todo aquello que se desea se pierde,
surge ante nosotros el espíritu de gravedad
como si nos quisiera de propulsores—
lo lejano vibra en su proyección rotunda
y pronto quiere avisarnos.

¿No lo presentía yo entonces,
no era la música callada un primer aviso
donde lo grave personalmente crecía
y era a la vez signo de una primera mudanza
temprana, pero ineludible?,
¿el anuncio de que finalmente entrábamos
en un estado de inesperada madurez?

CEREMONIA DE DESPEDIDA

Allí donde antes se disponía la ceremonia
y el mito vivía entre nosotros,
ahora hay un lugar vacío.

Los amigos y las cosas
que hoy, sin alegría, se encuentran
han partido para siempre,
y es preciso saber despedirse y olvidar.

Nos hemos vuelto a ver, es cierto,
pero ya no compartíamos el secreto
ni el ímpetu de quienes deseaban
una leyenda escrita entre todos.

Ahora nos cruzamos como desconocidos,
recordando con cierta extrañeza
aquel día cuando un fulgor nos inundó
con un nuevo conocimiento para la vida.

LOS DIOSES DE LUCRECIO

¿Pasaremos nuestros últimos días
como los dioses de Lucrecio?

Les diste debida sepultura a tus padres.
Tus hijos encontraron otros lugares
y se entregaron a buscar más piedras
para levantar sus propias casas.

En la ciudad todos saben que vives solo
y que no has abandonado los libros
(aunque ya nadie los lea).

Las huellas de los antiguos son difíciles de seguir.

Ya nadie nos espera—
ahora podemos conversar en paz.

VELOCIDAD QUE ES PÁRAMO Y MISERIA

Las ferias, el incesante comercio, la maledicencia
con la cual dejamos de amar, la academia
inundada por sus alegres mentiras, la agitación:
su velocidad es páramo y desventura, nada
de eso nos prepara para una nueva fortaleza
ni nos exige superarnos para abrir las manos
y con ellas tocar los frutos que otros han cosechado
con mejor fortuna que nosotros.

PORQUE LAS PALABRAS
SE CUBREN DE HERRUMBRE

Hay un momento para el cual hemos fracasado,
y vemos con pavor alejarse el mundo ante nosotros,
como los muertos cuando son olvidados.
Allí nos quedamos como pesadas figuras
sin poder movernos, detenidos para siempre;
y esa hora justa siempre llega
para depositarnos en una lejanía cruel
como un extranjero en un país donde nada se entiende.

Esto es el abandono, porque todo es abandono y final:
imaginar lo que nunca sucedió con los otros,
soportar la áspera soledad del cuarto cerrado
porque las palabras se cubren de herrumbre
cuando no hay otro que pueda oírlas,
pues toda soledad, al final, es una forma de lo terrible
y nos encadena a esa hora precisa
donde la vida ya es imposible de comprender.

COMO UN NUDO AMARRADO A UN PALO CIEGO

Dejarse ir y soportar aquello que se pierde
como algo querido, pero amarrado
a un palo ciego,
y que no puede ser recuperado.
Deja que esto suceda
como sucede el amor cuando aparece,
sin detenerlo ni apurarlo
porque el mundo acontece (de esta manera),
repentino y fugaz, y no sabemos
sentirlo sin pensarlo,
sin querer decirlo en voz alta
para que otros lo sepan
como nosotros lo sabemos ahora que ocurre.

DESNUDA LUZ DE LA CREACIÓN

La corriente estremecida de la creación,
atraviesa la apurada noche de las temporalidades,
se estira como una serpiente en su matriz;
red transparente de óvulos y mensajes,
con sus secretos caminos, fecundando
esas semillas únicas y desprovistas de conocimiento,
ciega y visionaria, la perpetua agitación.

Somos nosotros los que deseamos la alabanza,
procreamos con interés, nos insulta la verdad.
Y, aun así, nada puede acabar
con el ascenso del júbilo,
con la intranquila corriente de la creación,
aunque nos situemos al margen de todo
exhibiendo un perfecto dominio del tiempo,
aunque configuremos una fuerza disconforme
impidiendo la propagación de esa luz.

UNA DURA POBREZA INTERIOR

Al final hay algo que siempre permanece.

Al final también hay oscuridad y confusión,
porque todas las cosas terminan por extinguirse
y nos arrastran, y somos nosotros también
esa fuerza de la cual inútilmente escapamos.

Si al final hay algo, no sabemos qué es
ni cuál es su forma, y si acaso tiene un rostro
o, mejor aún, si reconoce nuestro nombre
y nos abraza como hijos perdidos que regresan
a un hogar desde donde nunca fueron expulsados.
Solo nosotros hemos emprendido este camino
(obstinadamente plagado de peligros),
y erramos como niños testarudos
exhibiendo una dura pobreza interior.

Quizás no haya nada (como siempre),
ni permanencia ni origen,
solo la falsa idea de que algo permanece
y que en su misterio nos salva.
Pero ¿por qué habría uno de salvarse,
si haber llegado al final
ya era la única y plena salvación?

Y LA VIDA HA BUSCADO SU QUIETUD

Y la vida ha buscado su quietud
un modo de reponernos del abismo
y qué bien saben esto los amantes, los violentos,
los desmedidos; todos los que viven cerca del temblor.

Pero la vida ha buscado su quietud,
para que el desterrado encuentre su hogar
y el peregrino su dios
y entre nuevos amigos saludemos al mundo
porque el mundo es diversión y fracaso
y a veces no hay ni peregrino ni desterrado
a quien devolverle la tierra prometida.

DESPOJADOS DE LO SAGRADO
DESNUDOS COMO EL MÁRMOL

Sobre esta tierra devastada
y esperando un significado,
habremos de trabajar y construir
con nuestras rugosas manos
la casa familiar, el albergue,
un techo para proteger a esos hijos extraños
y, a veces, amables, cuyos frutos
caerán del mismo árbol
para sembrar esta tierra.

Despojados de lo sagrado,
inventamos un estertor igual a nosotros.

ENCEGUECIDOS POR EL LEJANO BRILLO DEL SECRETO

Estremecido el mundo nos requiere
llamándonos como un ofrecimiento extraño.
Los hechos, las cosas, son signos difíciles,
y sólo en la callada hora se nos revelan,
acaso como una invitación secreta,
plagada de señales y difíciles caminos.

Los que sueñan, los que ansían,
los que lograron la serenidad, todos
los enceguecidos por el lejano brillo del secreto
corren a interpretarlos, cumpliéndolos.
Pero esos días son escasos
y su ausencia es una desnudez que nos invade,
un desierto, una morada vacía,
pero, allí, donde el mundo calla,
también se encuentra el arduo vivir.

En silencio el mundo nos requiere
y a esa hora ciega y difícil nos debemos
sin saber cómo vivirla, cómo habitarla,
epifanía de un momento inexistente,
palabra y hueco que nos convoca,
signo y huella en un camino que no existe.

ESOS EXTRAÑOS FORASTEROS

Ayudar al desvalido, al caído,
al que no puede más,
pero ¿con qué propósito?

Cuando la casa está vacía,
es cuando más esperamos a alguien;
los hermanos no acuden, los padres
son demasiado viejos y no saben
sino ayudar dando inútiles lecciones.
Otros han conocido el infierno de cerca:
los campos de concentración, las masacres,
pensar así no nos lleva a ninguna conclusión.
El dolor nace cuando comienza a doler;
¿hay algo más que agregar?
¿Y esos forasteros? ¿Los conoces?
¿De dónde han venido?
Nadie se explica por qué han regalado
su propia comida y cedido su cama,
por qué han traído dinero.

Alguien ha llamado entonces a la puerta
sin invitación alguna, inundado por un amor
apenas explicable, una fuerza impar,
dando una señal de auxilio;
entonces la pregunta: ¿es la piedad
el verdadero amor por los otros?

EL MUNDO EN SU MUDEZ

Pensar es anticiparse a la aurora,
imaginar sin la palabra,
pues la palabra aún no ha arribado.

Pensar en sentir el mundo y sus problemas;
cuando llueve y cuando sale el sol,
cuando las cosas están en orden
o se desmoronan sin aviso.

Pensar anticipa esa luz por venir,
interrogación de un mundo en su mudez.
Responder sin responder, inusual nacimiento.

ENTRE LOS OTROS NOS HEMOS PERDIDO

Entre los otros nos hemos perdido,
haciéndonos indiferentes a las verdaderas cosas.
Como extraños que habitan una misma casa,
lo más cercano no puede ya ser reconocido,
y así ya no sabemos cómo hablarnos.

Perdidos entre los otros
cada rostro es una sombra oscurecida
por el desgaste propio de los días,
cada palabra, un sonido falso
intentando ser verdadero,
mientras lo más importante lo perdemos
sin saber por qué hemos de vivir de esa manera.

EL CURSO DE LAS COSAS

Contemplar la escoria sin parpadear,
distribuir los alimentos, saciar la sed:
el pan, la sal y el vino;
derrotar una calumnia levantada
contra el nombre de la familia,
pequeños gestos de gran ternura.

LOS HÁBITOS DEL OLVIDO

¿Qué palabras, qué cosas, quiénes
renuevan el ser de las cosas
y transcurren impunes sin envilecerse?
¿Quién busca el milagro perdido
y en el mundo se consagra en los actos,
dejándose inundar por una lenta desesperación,
como las aguas inmóviles de un río secreto?

El milagro es una ciudad olvidada,
donde aquello que le ha concedido su belleza
no se doblega ante los hábitos del olvido
y resurge victorioso en una hora única y feraz.

El milagro, esa lágrima de fósforo
cuyo nombre lo buscan los desesperados.

HASTA QUE LA AURORA ARRIBE

Cuando esa luz con la cual fuimos nombrados se retira
y somos arrojados a este lodazal sin palabras,
enmudecidos, acaso desprovistos de toda defensa;
cuando esa luz con la cual pensábamos regresar
se extingue y no queda sino insistir con fuerza
a tientas, como si hubiese un destino único
y un mundo ordenado por sí solo nos llamara.

Pero ese mundo no nos pertenece todavía,
ni tampoco hemos sido nosotros sus constructores—
toda alegría y toda forma de amor
nos costarán aún gran trabajo. Solo entonces
nos pondremos a caminar sobre la áspera piedra,
sin vestidos ni comidas, con las manos
heridas, como si fuéramos una sola y gran familia.

CORTADAS LAS RAÍCES
DEAMBULAMOS COMO HUÉRFANOS

Cortada las raíces, deambulamos como huérfanos.
Antes, la madre estaba entre dios y nosotros;
ahora solo hay un hueco colmado de semillas
ajenas. Serán otros los hijos con que el mundo
se inunde de luz nuevamente y hable.
También nosotros somos raíces que se deshacen.

Sin raíces, la tierra se vuelve blanda y cenagosa;
nada puede aferrarse a ella.
Nuestros brazos han sido amputados;
se los llevó nuestra madre cuando murió
ya no pudimos abrazar a nadie más,
y, aun así, a ciegas estiramos las manos;
solo encontramos esta tierra fangosa
con la cual nos lavamos la cara todos los días.

LUMINOSA ESPERMA, OSCURO FINAL

Los ritos nos impiden acercarnos al enigma.
Las iglesias atestadas de fieles (toda hora es propicia)
sacudidos por esa cuenta regresiva tan conocida;
nos inclinamos ante el pan solar alzado por el sacerdote.
¿Y si no hubiera nada? ¿Por qué insistimos
ante toda prueba, derrotados por la evidencia?
Entramos en el templo para salir en un cajón sellado
con las narices y los oídos cubiertos de algodones,
rodeados de apesadumbrados amigos.
Desde luego esta no es la única utopía.

PÉRDIDA Y REDENCIÓN

A veces hay que detener la caravana
para descubrir la superficie de la tierra.

El amor deja fragmentos inmóviles
repartidos en espacios vacíos.
La memoria se obscurece con el tiempo:
un animal frente al abrevadero
con la piel erizada y casi ciego.
Se pierden tantas cosas
cuando nos alejamos de los sueños.
La luz apenas recibida sigue su camino;
los dones nos esquivan, pero algo
en el incesante despliegue de los días
se resiste y regresa.
Hemos viajado demasiado
tratando de llevar un mensaje.

Esto no es un asunto de fuerza:
detén la caravana, pon las manos
sobre la tierra, escucha el secreto.

UNA LUZ APENAS ADMITIDA

¿Qué es entonces lo que hay que pensar
antes de aceptar la luz de la aurora?
Lo que antes no podíamos constatar
finalmente ha emergido.
Hay una luz apenas admitida;
caminamos ahora despojados
de las últimas y más raídas mortajas.

LA DESNUDEZ DE LAS COSAS

Poner los pies sobre una nueva tierra
y llamarla con orgullo mi tierra
no es razón suficiente para levantar una ciudad
(también hay magníficos planes alimentados por el odio).

La excelencia es tan escasa como la sensatez;
hay que reunirla con las manos
y de rodillas, en el suelo, afrentados y locos
como si fuéramos a llorar o proferir
la más extraordinaria de las plegarias.

EL LUGAR DE LA INOCENCIA

Tantas palabras
para decir lo que ocurre sin ellas.

No se trata de hablar de amor,
ese trastorno ciego en su potencia,
que sacude la casa donde solíamos resguardarnos.
No se trata de recobrar la valentía
y hablar cara a cara
ni vivir de ridículos arrojos para salir del anonimato.

Nuestros cuerpos tampoco son divinos
tan divina es la luz del sol como la plegaria.
La inocencia es el dios sin dios, la luz sin intención;
ese niño recién nacido bajo un cielo apenas expectante—
no triunfa sobre la muerte, no triunfa sobre el amor.

HEMOS VISTO LAS SEMILLAS

Todo lo que proviene de esos placeres inmoderados
—ese desarreglo continuo con el cual se escribe—
y libera a la música para que otros sigan sus huellas
e interroguen lo escrito como a una antigua liturgia,
como si no se entendiera que llegar hasta aquí
ha requerido de un esfuerzo desmedido.

Todo esto, nuestro trabajo y cada nueva mañana,
cuando somos empujados hacia otro destino
y hay que abrirse paso a codazos,
pues la gracia nos visita sin arrebatarnos nada;
expectantes y momentáneos
nos pertenece a medias su continuación.

Hemos visto las semillas,
no su abundante prosperidad.

OCASIONALES HUÉSPEDES EN SU MEDIDA

Si se pudiera garantizar este amor,
si pudiéramos componer sin preocupaciones
y ser testigos de cómo las canciones avanzan solas,
se podría persistir sin tener que mirar hacia atrás.

Si este amor no fuera ocasional y en préstamo
entenderíamos que la verdad no necesita alabanzas.
Si este amor viniera sin tiempo ni crueldad,
estos huéspedes —ocasionales en su medida—,
no necesitarían de nuestra casa
ni nosotros de su favor;
el júbilo no se habría desestimado ni la mano
se habría envilecido sobre el pergamino.

UN LEGÍTIMO AMOR

Nadie habla por la boca del padre,
ni la gracia ni aquello
con lo que se alimenta a los hijos.
Si el padre ha enloquecido
o lo obliga un legítimo amor
sus hijos lo verán muy pronto.

Bajo el techo del padre
se construye el refugio
o las alambradas de un infierno.
Estamos hechos de una madera
que alguna vez tocó la tierra.

¿Quién es el padre, entonces?, ¿tu mensajero??
¿Materiales sólidos o un tronco hueco?
¿Cómo son sus manos? Dime.
Si nos pudiera tocar, ¿cómo lo haría?

EL TESTIGO

Will no one tell me what she sings?—
WILLIAM WORDSWORTH

Hay una idea de orden en la música,
como la hay en las palabras
cuando callamos, por ejemplo
y las demarcaciones se vuelven borrosas,
los sonidos más amables.
Así se produce el comienzo de las cosas:
¿por qué el orden habría de revelárnosla?
O sí se revela, como quien camina de noche
y frente al mar escucha a una mujer cantar;
y entiende que el mundo se ha vuelto más brillante,
más sólido y secreto,
mientras la noche desciende alegre,
pero enmudecida
sobre un silencioso testigo inaugural.

REGRESAR A LA PATRIA

Regresar a la patria
y poner las manos sobre la tierra,
entrar en la casa de la infancia
y saludar a los muertos
que tanto hemos querido.

¿Alguien se acordará de nosotros?
Todo el pasado depositado aquí
imborrable nos espera.
Quizás hayamos ido demasiado lejos,
desfigurando nuestro rostro,
falseando nuestra voz
para que otros nos quisieran
en la mesa del extranjero.

Regresar a la patria,
arrastrando otro país a cuestas,
sentados ahora alrededor de una mesa
rodeados de extranjeros.

ESE DIOS SALVAJE

No todas las oscuridades son ausencia de luz.
Algunos viven bajo la espera de un paraíso
por venir, ese dios salvaje habituado a engañarnos.
La tierra, sin embargo, debe ser cuidada;
el caos contra el cual la semilla se encumbra
no claudica frente a la ausencia de luz.

No hay más paraíso que el construido
con las propias manos, y aunque los días
oscurezcan y nos amenacen, la amplia
luz permanece, la noche también permanece.

VASTA ES LA DESTRUCCIÓN
PARA MÍ, LA LUZ

Nadie puede reconstruir lo arrasado:
los días, esa luz apagándose.
La memoria se obscurece con el tiempo
como un animal cada vez más abatido.
Hay quienes carecen de toda esperanza
y frente a la guerra sonríen.
Pero nuestra guerra es otra:
recuperar la gracia perdida, solos
con nosotros mismos, despojados y sonrientes.

ÍNDICE